Índice

(Se achas que faltam páginas neste índice,
parabéns, sabes contar...)

Uma página em branco só para poderes dizer que o autor te deixou sem palavras.

Eu

1 - Eu estou a pensar me apresentar como aquecimento global. É uma boa forma de quebrar o gelo.

2 - Eu não sei segurar bebés, mas tudo bem, eles também não me sabem segurar.

3 - Eu gosto do cabelo com caracóis, mas é difícil pôr os animais na cabeça.

4 - Eu sou tão pobre que a última vez que levantei dinheiro tive que pegar numa moeda e mandar para o ar.

5 - Eu não entendo quem tatua uma coxa, principalmente se for de frango.

6 - Eu aconselho-vos a usarem palitos para tirar pedaços de carne da boca. Lembrem só de primeiro pedir autorização à outra pessoa.

7 - Eu estou a pensar morar numa casa redonda, pelo menos paro de chorar pelos cantos.

8 - Eu gosto de ver o céu estrelado, mas é difícil de o pôr na frigideira.

9 - Eu passo demasiado tempo a temperar a água do banho, acho que uso demasiadas especiarias.

10 - Eu não sei se gosto mais de mulheres, de homens, ou de dormir.

Avulsas

11 - Uma em cada duas pessoas inventa dados estatísticos.

12 - Qualquer jogo pode ser um quebra-cabeças, basta bater com força.

13 - Vegans acham que comer carne é só desumano, canibais acham que comer carne é só de humano.

14 - Toda a gente é magra como uma tábua, nem que seja uma tábua de enchidos.

15 - Toda a gente tem corpo de praia, no sentido em que algumas barrigas parecem dunas.

16 - Os sonâmbulos são das poucas pessoas que realizam os sonhos.

17 É muito chato fazer de vela, principalmente porque queima o cabelo.

18 - É difícil comprar óculos de sol, é mais fácil de plástico.

19 - O preço dos caixões está pela hora da morte.

20 - Há demasiados achismos no mundo. Pelo menos é o que eu acho.

21 - Há quem diga que ser cego impede alguém de conduzir, eu acho que não tem nada a ver.

De Facto

22 - Alterações climáticas causam mau ambiente.

23 - Os terraplanistas estão redondamente enganados.

24- Quem anda em escolas privadas tem melhores notas, principalmente na carteira.

25 - Estudos provam que um quarto das pessoas é um espaço bom para dormir.

26 - Pessoas são como piolhos, também se vão embora se lhes despejarem vinagre para cima.

27 - Em Roma todo o texto é itálico.

28 - Viver do campo é muito mais fácil se for o de futebol.

29 - Por mais velho que alguém seja, só uma pessoa no mundo é que atinge a maior idade.

30 - É fácil ver corais no fundo do oceano, difícil é continuarem a cantar.

31 - Nos calendários dá para pôr uma data de coisas.

32 - Toda a gente que ouve rádio, ouve com frequência.

33 - Levar com uma mesa nas costas é a pior forma de receber a mesada.

ESCOLAS DE KARATÉ EXISTEM AOS PONTAPÉS.

As Grandes Questões

34 - Serras? Existem montes delas.

35 - Andar de avião? Eu nem sabia que tinha dois pisos.

36 - Qual é a altura ideal para a apanha da azeitona? Eu diria 2 metros.

37 - Nadar num oceano? Parece-me pacífico.

38 - Raspar totalmente o cabelo é a melhor forma de poupar shampoo? Estão carecas de saber isso.

39 - Sou só eu que acho que muita gente diz sou só eu?

40 - Quão moreno alguém tem de ser para poder escrever tudo a negrito?

41 - Nunca injetei heroína, como se mete a Mulher Maravilha na seringa?

42 - De que vale o ato de lançar um disco ser um desporto olímpico se nunca é um músico a ganhar?

43 - Porque é que pelo no beiço é um bigode mas beiço no pelo é um serão bem passado?

44 - Se um telemóvel estiver a pegar fogo e alguém ligar ele chama?

E agora, comida gour-meh...

45 - A tensão entre o queijo e o pão é de cortar à faca.

46 - Não é difícil correr atrás de um sonho, principalmente se houver uma pastelaria perto.

47 - Todo o café é pingado se for bebido na chuva.

48 - As uvas são boas, pelo menos é o q'acho.

49 - Eu nunca comi sapateira, até porque a moça não quis.

50 - Há quem coma prego no pão para ter mais ferro no sangue?

51 - Dizem que salmão fumado é bom, eu prefiro comido.

52 - Não gosto muito de bolo de caneca, prefiro de chocolate, tem menos porcelana.

53 - O café faz bem à saúde, a não ser que to atirem à cara.

54 - Cortar cebolas faz-me sempre chorar, é o que dá tentar cortar com os olhos.

55 - Nos restaurantes eu gosto de pagar a meias, pena que só costumam aceitar dinheiro.

56 - Todas as sobremesas dos canibais são com canela.

57 - Não digo que existam cunhas no ramo da culinária, mas aquela malta anda sempre à procura de tacho.

58 - Mais vale um pombo na mão do que dois a voar, mas só se não tiveres dinheiro para comprar frango.

Aleatórias

59 - Se alguém tiver uma frase tatuada é muito mais fácil fazer leituras corporais.

60 - O pénis sem prepúcio judeu o que tinha a dar.

61 - Jogar ténis é para ricos. Eu deixo os meus calçados.

62 - O pior álbum que já ouvi foi o de fotografias.

63 - Uma revista num quiosque parece algo normal, a não ser que seja feita pela polícia.

64 - Uma pessoa sem a capacidade de falar leva sempre demasiado a sério a frase motivacional "muda de vida".

65 - Dizem que é dos carecas que elas gostam mais, não dizem é que essas elas são clínicas capilares.

66 - Ataques de vespas aleijam, principalmente num atropelamento.

67 - Achei errado um amigo meu nunca ter ido a um casamento, principalmente porque era o noivo.

68 - Não gosto de generalizar, todas as pessoas o fazem.

Causar Má Expressão

69 - Porque é que "mar de rosas" significa algo bom? A última coisa que eu quero é estar num rosal inundado.

70 - A idade está na cabeça das pessoas. A não ser que pintem os cabelos brancos.

71 - Apanhar uma bebedeira de caixão à cova é muito mais fácil em cemitérios.

72 - Se um pai e filho andarem à bofetada, eles ficam a cara chapada um do outro.

73 - Mesmo que uma loja de jóias fique suja, fica sempre um brinco.

74 - Um perneta comprou uma prótese com defeito, alguém lhe passou a perna.

75 - O mundo não gira à tua volta, a não ser que tenhas tonturas.

76 - Se um canibal comesse alguém ele não contaria a ninguém, porque a sua boca seria um túmulo.

77 - Se só chover timidamente é porque a chuva tem um pingo de vergonha?

78 - Eu não gosto de sair para beber copos, prefiro líquidos.

79 - Água mole em pedra dura aleija nos rins.

80- Estar com os pés para a cova nem sempre é mau, principalmente se fores coveiro.

81 - Se um pescador for pescar em locais proibidos vai sempre de cana.

82 - Nada de mal acontece aos carpinteiros porque passam o dia a bater na madeira.

83 - Uma ação vale mais que mil palavras, principalmente na bolsa de valores.

84- Para conseguir lidar com um fantasma é preciso muita presença de espírito.

85 - Quem tem boca vai a Roma. Quem não tem também pode ir, só não aprecia tanto pizza.

86 - Comer caracóis é um acto muito saído da casca.

87 - Deitar cedo e cedo erguer dá sono.

88 - A vida é como uma caixa de chocolates, nem toda a gente tem dinheiro para comprar.

89 - Há zombies tímidos ou fazem tudo à cara podre?

90 - Os serial killers costumam ser magros porque o que não mata engorda.

91 - Eu não acredito em amor à primeira vista, porque acho isso injusto para os cegos.

92 - Quem diz que "o que vem de baixo não me atinge" claramente nunca levou com um pontapé na genitália.

93 - Tenho medo de tentar escalar um penhasco e cair, acho que não teria queda para isso.

94 - Acho estranho dizerem que alguém "está tocado" com o significado de que bebeu demasiado, isto porque eu raramente quero tocar em bêbedos.

95 - Deixar cair tinta branca num mapa conta como branqueamento de capitais?

96 - Toda a gente anda de barriga cheia, seria muito estranho andar com um buraco no meio do corpo.

97 - As palavras magoam, mas mais se cair o letreiro todo em cima.

98 - Há quem goste de botar lenha na fogueira, o que é bom em acampamentos de escuteiros.

99 - Não é errado pedir para um cego pagar à vista?

100 - Ter um corpo em formato de ampulheta é fácil, basta comer areia e fazer o pino.

101 - Um bocejo não é algo surpreendente, mas deixa-me de boca aberta.

102 - Tempo é dinheiro, mas só se venderes relógios.

Certezas

103 - Toda a areia é movediça se estiveres bêbedo na praia.

104 - Qualquer mesa é de som se alguém bater nela.

105 - Há sempre alguém compatível connosco no mundo, mas isto em relação a transfusão de sangue.

106 - O sorriso é o arco-íris do rosto, mas só se tiveres um dente de cada cor.

107 - Se fizer uma tese sobre água vai ser muito mais fácil encontrar boas fontes.

108 - O melhor quadro para se ter em casa é o elétrico.

109 - É muito fácil entrar na universidade, se a porta estiver aberta.

110 - Qualquer ramo é da biologia.

111 - Assaltar um banco é muito mais fácil se for o do jardim.

112 - Quase toda a gente é capaz de ler a palma da mão, basta lá escrever algo antes.

113 - Nem todos os medicamentos dão sono, alguns dão só se os tomares.

LEMBREM-SE:

A NOÇÃO É COMO OS PÉNIS, NEM TODOS OS HOMENS TÊM.

Dá Trabalho

114 - Eu acho que só faz sentido alguém fazer a cama se essa pessoa for carpinteira.

115 - E se um astronauta tropeçar no espaço? Ele não tem noção da gravidade.

116 - Porque é que a escritora acabou um namoro? Tinha muitas reticências.

117 - Um médico que duvida de Deuses faz um bom dia agnóstico.

118 - Ficar sem rede é muito chato, mas é pior quando és trapezista.

119 - Um talhante que não vá em festas é um verdadeiro cortes.

120 - Um vendedor de serpentes cobra muito?

121 - Se as competições de corrida fossem feitas na praia haveria mais atletas a conseguir o bronze.

122 - Se um técnico de som for corcunda, podemos logo esperar problemas na coluna?

123 - Artistas de dança aérea terão sempre a sua atividade suspensa.

124 - "Gosto de pessoas de mente aberta." é a frase preferida de um neurocirurgião.

125 - Geralmente os enólogos são homens mais velhos, mas uma vez eu vi um novinho.

126 - O maior pecado de uma costureira é a gulha.

127- Não se deixem abalar por quem põe pedras no vosso caminho, pode ser só um calceteiro.

128 - Não me meto com funcionários de fábricas de papel, ainda são capazes de me fazer a folha.

129 - Para se ser advogado é preciso estudar direito. Estudar torto também dá, mas aleija as costas.

130 - Não confio em pintores, é malta que está-se nas tintas para tudo.

131 - Será que as depiladoras são boas em provas de corta-mato?

132 - Um cozinheiro coscuvilheiro é especializado na vida alheira.

133 - Se um advogado for corcunda será que pode exercer direito?

134 - A frase "quando uma porta se fecha, abre-se uma janela" é o pesadelo de um construtor civil.

135 - Quem escolhe ser violinista tem que arcar com aquilo.

136 - Quem fabrica calçado um dia vai bater as botas.

137 - Um vendedor de perucas enervou-se porque já andava pelos cabelos.

138 - Eu não confio em pessoas que trabalham em bengaleiros, são muito vira-casacos.

139 - Não é preciso um dentista ser bonito para nos deixar de boca aberta.

140 - Os estudantes são como strippers, sempre à espera que alguém lance as notas.

141 - Existe muito o estereótipo de que os informáticos usam todos óculos. É mentira, alguns usam lentes de contacto.

142 - Na maioria das profissões diz-se que a pessoa tem olho para a coisa, já os oftalmologistas têm coisas para o olho.

143 - Tenho pena dos taxistas, há sempre algum cliente que lhes manda ir dar uma curva.

144 - Todos os maratonistas têm pé de atleta. Têm o corpo também, mas com menos fungos.

145 - Um cineasta não tem uma profissão, tem uma por ficção.

146 - Quem trabalha numa loja de rádios é um rádio lojista?

147 - O que criadores de cavalos e vampiros têm em comum? Ambos gostam de puro sangue.

148 - O médico usa muito o Google porque faz muita pró cura.

149 - Em Portugal existe um animal chamado saca-rabos, embora seja mais conhecido como futebolista.

Bicharocos

150 - Sou contra festas em cães, acho difícil pôrum sistema de som dentro de um rotweiller.

151 - Pisar em insetos é uma prática da esmagadora maioria.

152 - Tenho de parar de roer as unhas, principalmente as do meu cão.

153 - Acho que para um animal com o nome mexilhão ele deveria ser muito mais irrequieto.

154 - Eu nunca vi um tigre de bengala, acho que é por ser raro ficarem coxos.

155 - Uma vez vi um cão que sabia pintar, era o Labrador Dali.

156 - Não sei se os piolhos são reais ou são apenas coisas que passam pela cabeça das pessoas.

157 - Nunca provei língua de vaca, mas suponho que não seja fácil beijar o bicho.

158 - Não gosto de dormir com o meu animal de estimação na cama, o próprio peixe não gosta.

159 - É estranho os cães não poderem comer certas comidas, porque, por exemplo, o choco'late.

Entretanto, dois pinguins questionam-se...

160 - Se o pêlo do urso tiver dois tons de branco, será ele bipolar?

161 - Um puma no fundo do mar faz ex-puma.

162 - Matar um pássaro dá pena.

163 - Haver comida boa no mar é o que deixa os peixes com água na boca.

164 - Filmes com pandas serão sempre a preto e branco

165 - Não sei se prefiro cães ou gatos, acho que depende do tempero.

166 - Numa corrida de cães ganha o melhor cãocorrente.

167 - Dizem que é bom sentir borboletas na barriga, mas é difícil engoli-las vivas.

168 - É sempre chato tentar ler textos com gralhas, até porque os pássaros não sabem ler.

169 - Como assim há um peixe chamado pescada? Os outros peixes por acaso foram plantados?

170 - Saltar em cima de porcos é um salto à vara?

171 - As ameijoas dormem de conchinha.

172 - Nem todas as cobras são aquáticas, mas a jibóia.

173 - O papa que mais dominou línguas foi o papa-formigas.

174 - Se voltar a tomar banho com uma ovelha posso chamar de rebanho?

175 - Donos de cães sabem que cheirarem os rabos uns dos outros é normal, não sei porque reclamam quando o faço.

176 - Antigamente era difícil destinguir cavalos e zebras em filmes porque eram todos a preto e branco.

177 - Acho doentio eu gastar tanto dinheiro em comida de cão, principalmente porque não tenho cães.

178 - Dizem que os cães não gostam de tomar banho, mas já vi um que estava em pulgas para isso.

179 - Porque é que o caracol foi ao veterinário? porque deslocou o molúsculo.

180 - Porque é que as tartarugas são mais atingidas na cara do que no corpo? Porque a dor na cara passa.

181 - De que cor é o pássaro do Harry Potter? Cor uja.

182 - Abelhas na verdade são muito melosas.

183 - Imagino que para os elefantes seja difícil lidar com a água, sempre que vão para beber levam nas trombas.

184 - Dizer mal de cavalos é um relinchamento virtual?

185 - Em emergências os cavalos se comunicam por código horse.

186 - Qual é o animal que faz arte? A lagartista.

187 - Se eu fosse um pirilampo eu arranjava maneira de pensar com o rabo, porque assim todas as minhas ideias seriam brilhantes.

A forma mais fácil...

188 - A forma mais fácil de tirar a carta é abrindo a caixa de correio.

189 - A forma mais fácil de perder peso é cortar uma perna.

190 - A forma mais fácil de parar soluços é ficar sem respirar durante uma hora.

191 - A forma mais fácil de ter barriga definida é olhar a definição no dicionário.

192 - A forma mais fácil de dar à luz é ligar uma lanterna.

193 - A forma mais fácil de evitar um inseto morto na comida é mantê-lo vivo.

194 - A forma mais fácil de não chegar atrasado ao trabalho é ir para o desemprego.

195 - A forma mais fácil de atrair riqueza com uma fonte de desejos é passar um ímã por cima.

196 - A forma mais fácil de manter a secretária do trabalho limpa, é se a mulher tomar banho.

197 - A forma mais fácil de não ter ressaca é não abusar da coca-cola.

E AGORA, A FORMA MAIS FÁCIL DE DETETAR ZOMBIES:

Hey! eu só estava com a boca cheia,

não dava para falar.

Trocadilhos Infames

198 - Fazer um cego beber uma bebida de cevada é única forma de fazer com que esse ser veja.

199 - É um problema não lavar as mãos, isso é micróbvio.

200 - O papa que mais teve pena dos outros foi o papa gaio.

201 - O som de um raio numa escada é um true vão.

202 - Há quem goste de acampar, mas há quem não em tenda.

203 - A carne de porco combina bacon tudo.

204 - A cerveja mais triste é a depressão.

205 - Um barco fantasma é um nãoviu?

206- Se alguém puser música num funeral será num semistereo?

207 - Pánacota é agressão contra uma senhora.

208 - Pensei que uma amiga tinha problemas arteriais, mas era só in pressão.

209 - Não é por um gajo ter pêlo na cara que ele be god.

210 - O pior mar é o mar tírio.

211 - Quem não está atento à tensão baixa pode ter um défice da tensão?

212 - Chamar alguém de filho da truta não é fish.

213 - Quando estiveres triste compra sapatos, é que o sapato com sola.

214 - As dominatrixes não gostam das claras dos ovos, preferem all gemas.

215 - No norte quando tentam incentivar alguém a ler o Moby Dick dizem: bá, leia!

216 - Estou a pensar inventar um lenço para usar ao pescoço feito de dinheiro, vou chamar de cashcol.

217 - Se alguma tomada estiver com defeito numa prisão, alguém pode levar um choque em cadeia?

218 - Confio em decoradores de interiores porque tudo o que dizem é de'coração.

219 - Uma piada escrita num mapa será sempre má piada.

220 - Se um rebuçado desse luz seria um candyeiro?

221 - Se houvesse um campeonato disputado em escadas, qualquer jogada seria um bom lance.

222 - Fazer sopa? Isso é canja.

223 - Se a boca do ser humano fosse no rabo, toda a gente comeria cuscuz.

224 - Uma amiga é do signo peixes e acabou com rapaz do signo aquário. Ela agora sente-se um peixes fora de água.

225 - O tamanho do pénis não é uma glande questão.

226 - Qual o tipo de letra que mais condiz com praia? O Arial.

227 - Será que quem faz sexo com carros é por amor ou só por a tração?

228 - Se uma casa não estiver bem construída será uma c'abana.

229 - Se a roupa de dormir pegar fogo passa a ser um pichama?

230 - A refeição favorita de um canibal é o ao moço.

231 - Um homem foi contra um relógio, foi um contratempo.

232 - Em Portugal há tanta burocracia que para se obter um papel tem de se fazer o diabo A4.

233 - O colete à prova de balas tem de durar muitos anos, porque a arma dura.

234 - Quem diz que a batata faz bem à saúde está tubérculo de razão.

235 - Será que quando uma bactéria se reproduz ela germe?

236 - Será que a evolução da pornografia um dia vai estar nos anais da história?

237 - Porque é que as senhoras ricas não gostam de dar arrotos? Porque preferem dar abemvestidos.

238 - A fruta favorita do canibal é o mamão.

239 - Se alguém fizer um ballet sobre ficar sem nariz pode-se chamar de byenarina?

240 - Será que a malta que faz sexo com carros acha que o Ford está a pedir fiesta?

241 - Leitão, comem muito ou porco?

242 - Salmão mal cozinhado é uma posta.

243 - Contar uma piada numa escada será sempre em vão.

244 - Fazer sexo em escadas é degraudante.

245 - Roubar coisas a norte dos EUA dá cana dá.

246- As formigas têm cãibras ou sentem só um pequeno formigueiro?

247 - Os futebolistas sobreviveriam a um apocalipse zombie porque são bons a rematar.

248 - Na última ceia, estavam todos apóstolos para comer. Eu apóstolos que não esperavam esta.

249 - O que uma arma diz quando vê um bandido? Diz pára.

250 - Uma vez pedi um pequeno-almoço religioso, serviram c'a fé.

251 - Eu percebo porque há quem grite em programas da manhã. Tendo em conta o público, é preciso levantar avós.

252 - Quero receber um relógio, até lá não vejo a hora.

253 - Estou a pensar me cobrir com imãs só para ficar mais atrativo.

254 - Se eu cumprimentar um físico no mar é um cumprimento de onda?

255 - Dizer que uma máquina de barbear faz milagres parece ser demasiado a pelo ativo.

256 - Se um determinado vinho deixar de ser produzido ele passa a ser ex tinto.

257- Tenho dúvidas se um espantalho é algo eficaz ou se só atapalha.

258 - A droga mais pequena é o micrópio.

259 - Terrenos com vulcões adormecidos são mais limpos porque aquilo lava.

260 - Quanto a corridas em montanhas, é sempre no topo que em serra.

261 - Levar com uma consola na cara é algo que Sega.

262 - Não sei se fruta assada é boa, mas assa aí.

Uma vez...

263 - Uma vez deram-me uma meia de leite, mas eu prefiro servido num copo.

264 - Uma vez deixei cair um pc no pé, fiquei com puta dor.

265 - Uma vez um ovo disse para o outro: gema! O outro ovo ficou chocado.

266 - Uma vez vi um livro com as folhas todas em branco, o autor deixou-me sem palavras.

267 - Uma vez tentei usar um rabo de cavalo, mas o animal não deixou.

268 - Uma vez um amigo meu tentou comer um brigadeiro, mas o militar não quis.

269 - Uma vez fiz uma pessoa de cadeira de rodas escolher andar... estávamos num elevador.

270 - Uma vez fiz festinhas a um pastor alemão, mas depois expulsaram-me da igreja.

271 - Uma vez fui com uma ex ao teatro. A representação foi ótima, acreditei mesmo nas palavras ditas... e depois entrámos no teatro.

272 - Uma vez cheirei pó, mas depois limpei a casa.

273 - Uma vez fui comprar papel higiénico e olharam-me de lado, mas eu caguei para isso.

274 - Uma vez saí com uma rapariga que disse que me via como um irmão, foi a única altura em que quis ser um personagem do livro Os Maias.

275 - Uma vez fui numa entrevista de emprego e não gostaram da roupa que eu levei...para fora da loja.

276 - Uma vez perguntaram-me se eu tinha boa memória, mas não me lembro o que respondi.

277 - Uma vez disseram-me para ir atrás dos meus sonhos, então fui dormir.

278 - Uma vez pousei uma chávena de café na asa de um avião, passou a ser asa delta.

279 - Uma vez serviram-me batatas ao murro, por sorte elas pararam de lutar quando ameacei come-las.

280 - Uma vez perguntei a um amigo qual é a diferença entre estaladiço e crocante. Ele disse-me que um estala e o outro croca.

281- Uma vez mergulhei numa piscina tão profunda que ela perguntou-me o que raio ando a fazer da vida.

282 - Uma vez um rapaz caiu de skate, fez um alley ups.

283 - Uma vez uma pessoa desceu várias ladeiras deitada com a barriga para cima, ela de facto desceu umas em costas.

284 - Uma vez acusaram-me de ser muito negativo. Eu neguei.

285 - Uma vez disseram-me que tenho dificuldade em confiar nas pessoas, eu não acreditei.

286 - Uma vez arrombei uma porta com um pé de cabra, é muito mais difícil com o animal vivo.

287 - Uma vez experimentei dormir nu, mas expulsaram-me do autocarro.

288 - Uma vez disseram-me que eu questiono muito as coisas, eu respondi: quem? Eu? Achas?

289 - Uma vez conheci uma pessoa tão viciada em açúcar que não só consumia açúcar mascavo, como açúcar mascava.

290 - Uma vez conheci um rapaz que teve problemas de saúde por comer muitas mangas, eu sempre estranhei ele andar sempre com t-shirt de alças com marcas de dentes.

291 - Uma vez perguntara-me se gosto de ver piercings na barriga, mas a minha resposta foi muito umbígua.

292 - Uma vez vi um entregador de comida estendido no chão após um acidente. Já viram que coisa triste? Uma pessoa andou a trabalhar no duro, a esforçar-se, horas e horas, e nem vai ter direito ao seu hambúrguer.

293 - Uma vez convidaram-me para jogar ao 4 em linha. Fiquei entre dois gajos na cama, acho que ganhei.

Uma vez um senhor sentiu-se mal num autocarro, mas foi passageiro.

Restos

294 - Se um barco pegar fogo torna-se num barco à vela.

295 - A atração física é importante, mas mais se tiveres comprado um ímã.

296 - Cruzar o olhar pode resultar em sedução ou estrabismo.

297 - Uma roupa só é realmente em segunda mão se o primeiro dono for maneta.

298 - Para uma pessoa ser capaz de fazer um sofá é preciso ter estofo.

299 - É muito estranho quando se notam raízes no cabelo, principalmente se forem de plantas.

300 - Há plantas que é melhor não darem fruto, nomeadamente a do pé.

301 - Monges que não lavam a roupa têm maus hábitos.

302 - Há cosplays tão bons. Nem dá para saber onde começa a personagem e termina a vida própria.

303 - Um amigo demorou muito a sair do armário. Da próxima vez vou tentar não o trancar lá dentro.

304 - Perder uma mochila é traumático, a pessoa nunca mais consegue pôr isso para trás das costas.

305 - Deve ser muito chato comprar colunas no mercado negro, as vertebrais não dão bom som.

306 - Quem não acredita em homenzinhos verdes é muitas vezes atropelado.

307 - Içar a vela é muito mais fácil se estiver num castiçal.

308 - Quem não se importa com direita e esquerda deve ir contra muitas paredes na rua.

Secção Proibidona

Aviso:

As piadas seguintes podem ferir suscetibilidades, o que é sempre melhor que ferir outra coisa.

Óbito

309 - Fazerem uma lápide com meu nome? Só por cima do meu cadáver!

310 - Luto num funeral? Só se alguém oferecer porrada.

311- Um orfão, no seu aniversário não terá nenhum presente...como o pai presente, a mãe presente...

312 - Se um candidato morrer depois de ganhar uma eleição pode-se falar em eleito de morte?

313 - Quando um deputado morre ele torna-se um espectro político?

314 - Se um assassino levar o cadáver numa praia de nudismo não será o primeiro com um corpo à mostra.

315 - Se um assassino decapitar alguém perto de uma piscina torna-se mais fácil mergulhar de cabeça.

316 - Na dúvida entre floresta ou mata, um assassino faz a última.

317 - Há certas pessoas para as quais é melhor não dar corda, como suicidas em lojas de bricolage.

318 - Às vezes o suicídio é só uma questão de têmpora.

319 - Suicídio nunca é a resposta, a não ser que a pergunta seja: como é que se chama o ato de alguém se matar?

320 - As pessoas acreditam em vida após a morte, eu acredito em morte após a vida.

Perder o telemóvel é como perder um filho, se estiverem fartos do vosso filho e quiserem trocar por outro...

...mas comprar um filho é muito caro.

Ramboia

321 - As mulheres dos necrófilos são sempre frígidas na cama.

322 - Às vezes uma pornstar tem que se pôr a pau para não perder o emprego.

323 - Uma camgirl que não se depile faz isso pelos públicos.

324 - Acho que sexo fora do planeta Terra é algo que tem muito espaço para dar errado.

325 - Para muita gente a melhor posição para ficar durante o sexo é em primeiro lugar.

326 - Um carro é como um pénis, há quem prefira os elétricos.

327 - Dizer mal de alguém é igual ao sexo, há quem goste de o fazer por trás.

328 - A estratégia de comunicação de um bordel passa por conseguir penetrar bem no mercado.

329 - Para quem acredita em signos, uma virgem e um touro formam um bom par. Para quem não acredita, é só zoofilia.

330 - A marmelada no pão sabe bem, mas é difícil cobrir a cama com papos secos.

331 - Não confundam vibrador com labrador, dá para brincar com os dois, mas as sex shops raramente vendem cães.

332 - Exigir que a mulher queira anal é mau, pior se tiver de ser ela a comprar o strap-on.

333 - Obter um orgasmo feminino é como comer um gelado, o pau é desnecessário.

334 - Cuspir na rua é mau, mas é o que dá fazer sexo fora de casa...

335 - Para fazer sexo anal a pessoa tem de ter cuidado, não se pode simplesmente estar a cagar para isso.

336 - Se durante sexo oral alguém fizer uma pergunta, geralmente têm a resposta na ponta língua.

337 - Sexo no mar nunca é sem sal.

338 - Se uma família de lenhadores praticar incesto, até da árvore genealógica conseguem retirar pau.

339 - Quem se masturba a ler livros pode correr o risco de ler páginas em branco.

340 - Eu não sei se o preço dos tomates está muito caro, acho que depende do gigolô.

341 - Há gente que diz que faz muito sexo oral, mas acho que só dizem isso da boca para fora, e para dentro, e para fora, e para dentro...

342 - Usar uma mola para fechar um pacote de batatas fritas é o ideal para não ficarem murchas. Não funciona da mesma forma com genitais.

343: OS MORCEGOS PRATICAM SEXO ORAL. SE ACHAM QUE ISSO NÃO É IMPRESSIONANTE, EXPERIMENTEM FAZER ISSO PENDURADOS DE CABEÇA PARA BAIXO NUMA CAVERNA.

Mais razões para ir para o inferno

344 - Atropelamento por comboio é a forma mais dolorosa de passar a roupa a ferro.

345 - O tamanho do pé só determina o tamanho do pénis se este for pisado.

346 - É sempre um momento estranho quando estás em casa e uma criança te pergunta como é que são feitos os bebés, ainda mais se não tiveres filhos.

347 - É preciso ter cuidado quando há crianças no carro, ainda mais se elas forem a conduzir.

348 - Aborto é a pior forma de perder barriga.

349 - A música atirei o pau ao gato é muito errada, atiram um pau contra um gato para o matar. Seria muito mais eficaz se o mantivessem na mão.

350 - Por mais crimes que faça, é raro um famoso ir preso. Acho que é sempre uma questão de com fiança.

351 - O número de dentes num garfo só depende da força da pancada.

352 - Dizem que filhos de primos direitos podem ter problemas, mas acho que poderia ser ainda pior se fossem primos tortos.

353 - Cordões ao pescoço podem ser bons acessórios de moda... a não ser que sejam umbilicais.

354 - Não servem lasanha no hospital porque têm um limite para coisas a camadas.

355 - Uma pessoa pode ir presa por pôr um caranguejo a ferver, acontece o mesmo se o homem for sagitário.

356 - Partir um espelho dá azar, mas só se te cair em cima.

357- Dizem que fumar diminui o pénis, principalmente se encostarem lá o cigarro.

358 - Há quem diga que um vaso a meio da mesa fica bonito, a não ser que seja sanguíneo.

359 - Dar a mão a alguém só se consegue fazer duas vezes, o mais difícil é conseguir cortar.

360 - Mamas sem mamilos é algo que não tem ponta por onde se lhe pegue.

361 - Só faz sentido chamar testículos de tomates se for um canibal a preparar salada.

362 - Abanar o rabo pode ser problemático, principalmente se for o de outra pessoa.

363 - Enfiar coisas pelo rabo a dentro é cu recto?

364 - Há dias em que é melhor não sair da cama, como por exemplo todos.

365 - Se alguém fizer sexo sem compromisso com uma pessoa daltónica, é muito mau dizer que são amigos coloridos?

FIM

Agora que já podes dizer que leste um livro, podes voltar a ver séries como outros meros plebeus...

...ou ler piadas extras...

Piadas que funcionam melhor com brasileiros...

- Ideia de slogan para quem limpa lareiras: me chame, né?

- Ter a lua em câncer é uma droga, mas acho que ter câncer na lua seria bem pior.

- Se um homem levar com um carro na virilha pode-se dizer que um capou de carro.

- Se o Pão de Açúcar desaparecesse seria uma grande pedra para a humanidade.

- Os primeiros lugares a vender cachaça foram os astrolobotecos.

- O carro mais brilhante é o fusca.

- Grão a grão enche o vegetariano o saco.

- Uma vez encontrei o meu amigo brasileiro Iuri no wc e disse "Iuri, é nóis".

- É difícil falar com maconheiros, enrolam muito.

- Dizer que alguém é escroto é um saco.

- Se o Kid Bengala der um mergulho no mar em Portugal sai de lá com o nome Kid Canudinho.

- Porque é que o Pinóquio não tem vergonha? Porque tem muita cara-de-pau.

- Tocar um instrumento de cordas nu é tocar com o cu lêlê.

Este livro foi produzido em conformidade com as diretrizes GPSR da UE sobre a segurança dos produtos

O Regulamento relativo à Segurança Geral dos Produtos (GPSR) da União Europeia tem por objetivo garantir que todos os produtos de consumo, incluindo os livros, sejam seguros para os consumidores.

Este livro foi impresso por CPI books GmbH. A gráfica emitiu certificados de segurança para os materiais utilizados, como tinta, papel e cola.

O identificador do produto é : 9789403642826

O autor é responsável pelo conteúdo do livro e ele foi produzido pela Bookmundo.

Em caso de dúvidas sobre a segurança do produto, contacte-nos.

Bookmundo
Delftsestraat 33
3013AE Rotterdam
Holanda
info@bookmundo.com

Zeitfracht Medien GmbH
Ferdinand-Jühlke-Straße 7
99095 Erfurt, Deutschland
produktsicherheit@kolibri360.de